AF404939

Les Lois Naturelles

et

La Société des Nations

PAR

Alf. THIBAUDEAU

« Le PROGRÈS est la
« résultante de la découverte
« et de l'application des LOIS
« NATURELLES. »

ÉDITÉ PAR L'AUTEUR

A St-PIERRE-QUIBERON (Morbihan)

PRIX : 1 fr. 25

RENNES
IMPRIMERIE BRETONNE

—

1919

LES LOIS NATURELLES

ET

LA SOCIÉTÉ DES NATIONS

PROLOGUE

Il me faut convenir, en commençant, que
je contreviens aux règles les plus élémentaires
de la modestie, en osant donner un avis, ou
au moins une opinion, à la pléïade cosmopo-
lite de plénipotentiaires qui constitue le Congrès de la Paix.

J'ai pour excuse, tout d'abord, qu'en février
1918, en écrivant à Monsieur le Président
Wilson la lettre que je reproduis plus loin,
je cédais à un besoin de manifestation intime
de l'admiration ressentie à la lecture du Message du 18 janvier que je considérais comme
un monument impérissable de justice, de logi-
que et de courage.

Aujourd'hui, sans être inquiet sur le sort
réservé à la grande idée de la Société des
Nations, poursuivi par la réminiscence de la
Tour de Babel, peut-être en raison du voisi-
nage de la Tour Eiffel et du palais où siège
le Congrès, je suis hanté par le désir d'une
réplique au prétendu miracle de la confusion
des langues qui aurait dissocié, si malheureu-

sement pour l'humanité, le noyau homogène des descendants de Noë qui alors résumait celle-ci intégralement.

Il n'est pas en effet, pour un esprit un peu mystique, ou facilement troublé par certains concours de circonstances, de situation plus intéressante que celle du Congrès de la Paix mise en regard de celle de nos aïeux aux temps préhistoriques de Nemrod.

Sans prétendre préciser les faits de cette époque, j'en retiens la version combinée que voici : Nemrod, roi de Babylone où étaient concentrés les descendants de Noë, constituant alors l'unique noyau de l'humanité échappée au déluge, conçut l'idée d'élever une tour dont la cime devait toucher le ciel.

Une langue unique était employée par Nemrod et ses sujets et bien entendu ce groupe unique d'humains ne se connaissait pas d'ennemis ; c'est dire que la situation internationale, au point de vue des guerres possibles, était on ne peut plus assurée : aucune guerre à déclencher faute d'adversaire. C'est dire que l'humanité d'alors réalisait involontairement le rêve pacifique que nous caressons.

La Tour de Babel s'élevait déjà à une hauteur qui commençait à défier un nouveau déluge, quand Jéhova ou le Seigneur, intervenant, fit oublier à tous son langage de la veille, pour employer une multitude dé dialectes compris chacun par un petit groupe seulement. Tel est ce qu'on appelle le miracle de la confusion des langues qui obligea la foule non seulement à abandonner la construction de là Tour, mais à se disperser, chaque groupe, constitué par la sympathie de langage, s'en allant de par le monde, fonder les nations diverses.

Si non e vero e bèn trovato comme contre-pied du Congrès de la Paix. Celui-ci est constitué par des représentants de tous les peuples conscients du monde qui vient d'échapper non pas à un nouveau déluge, mais à la calamité presqu'aussi meurtrière déclenchée par les empires de proie. Si les congressistes ne parlaient et ne comprenaient que leur langue nationale, la confusion serait au moins aussi intense qu'à Babel. Le mot miracle, un peu démodé, ne convient pas pour exalter la possibilité de n'employer au Congrès que la seule langue française et le soin pris de relire en anglais la traduction du discours de M. le Président

Poincaré restreint un peu l'analogie entre les ouvriers de la tour légendaire et les rédacteurs du contrat de paix définitive.

Il faut souhaiter qu'aucun mauvais génie ne viendra contrecarrer les intentions des congressistes, le vieux Dieu si propice à Guillaume, pendant que celui-ci épuisait sa poudre sèche depuis si longtemps accumulée, ayant sans doute renoncé à protéger un prophète aussi compromis.

L'œuvre entreprise à Paris est aussi colossale que celle du roi Nemrod, quoique imposer la paix au monde soit considéré par quelques-uns comme presqu'aussi impossible que d'atteindre le royaume des cieux, au moyen d'un escalier; en tout cas le premier de ces buts sera atteint en beaucoup moins de temps.

Et, en somme, la seule question du temps nécessaire reste posée et telle est la préoccupation qui m'incite à mériter le reproche d'immodestie.

Le travail qui consiste à rédiger les statuts de la Société des Nations est une œuvre de très longue haleine, si on veut ne s'arrêter qu'au dernier article d'un Code international définitif.

, Il s'agit en effet de présider à une évolution qui peut être comparée à la révolution française. Or celle-ci n'est pas encore terminée ; tandis que l'on a pu dire, sans exagérer, qu'elle était faite dès que la première Déclaration des Droits de l'Homme et du Citoyen a été promulguée.

De nombreux exemples, légendaires ou historiques, démontrent qu'il n'est pas indispensable pour lier les volontés humaines d'enserrer celles-ci dans de bien longues formules.

Les tables de la Loi que Moïse reçut du thaumaturge de Babel étaient, dit-on, inscrites sur deux dalles de pierre et se composaient de dix courts articles.

La Loi des douze Tables des Decemvirs de Rome contenait en substance sur douze plaques d'airain le statut du futur Empire.

La Déclaration définitive des Droits de l'Homme et du Citoyen est conçue en dix-sept articles seulement.

L'œuvre du présent Congrès de Paris ne serait-elle pas heureusement hâtée en restant dans des proportions matérielles sensiblement égales aux précédentes ? La rédaction du Code

international complet menaçant de retarder
par trop la conclusion de la paix définitive.

Telle est la suggestion que je me permets
d'adresser à Messieurs les Membres du Congrès de la Paix de Paris.

Saint-Pierre-Quiberon, le 25 janvier 1919.

**

P. S. — La grippe, puis la vaine course à l'Éditeur
ont retardé la publication de cette plaquette. Mais il
est des actualités qui durent : la constitution de la
Société des Nations est de celles-là.

Saint-Pierre-Quiberon, le 16 mars 1919.

Lettre adressée à M. W. Wilson

St-Pierre-Quiberon, le 28 février 1918.

A Monsieur le Président
de la République des Etats-Unis
de l'Amérique du Nord,

Monsieur le Président,

Veuillez permettre à un Vieux médaillé de 1870-1871 (engagé volontaire), de vous adresser la note que voici relative à l Impérialisme qui menace le monde.

L'impérialisme est le fait ou l'intention de contraindre autrui à subir une exigence contraire à la Loi naturelle, c'est-à-dire au Droit.

En l'ère nouvelle, la morale sociale, d'abord, puis la morale internationale ensuite, obéiront comme la morale individuelle aux Lois immanentes que l'on peut désigner sous le vocable Lois naturelles.

Celles-ci, dont le texte a une précision scientifique, ont une vertu automatique puisque connues, ou inconnues, elles ont toujours leur sanction inéluctable, aussi bien quand il leur est obéi, que lorsqu'elles sont transgressées, que ce soit par ignorance ou de propos délibéré.

Cette vertu souveraine des Lois naturelles s'affirme dans tous les ordres sans exception : elle est surtout tangible dans les ordres physique et chimique, lesquels, mettant en œuvre des matières d'aspect le plus souvent inerte, ont étonné le monde par les bienfaits qu'a tirés l'humanité de la connaissance des Lois naturelles régissant ces choses au fur et à mesure de la découverte et de la codification de quelques-unes par la Science. On peut dire sans crainte d'être contredit que la découverte de chacune des Lois naturelles physiques ou chimiques a toujours été le signal d'un Progrès, ce qui autorise à proposer la définition suivante du Progrès : « *Le Progrès est la résultante de la découverte et de l'application des Lois naturelles* », et je proposerai même de reconnaitre à cette formule le droit d'être insérée parmi les Lois naturelles.

L'humanité n'a pas attendu l'atroce guerre mondiale, déchaînée par les pangermanistes, pour organiser les petites sociétés que sont les

Etats divers, d'après les exigences de la morale individuelle, dans le but de prévenir les conflits possibles entre les individus. Les Lois écrites ne sont que des paraphrases des Lois naturelles qui se sont imposées aux différentes civilisations successives ; elles se rapprochent de la perfection au point de vue de la morale individuelle quand elles régentent les actes individuels, parce qu'elles s'inspirent de la Loi naturelle primordiale : « *Ne fais pas à autrui ce que tu ne voudrais pas qu'il te soit fait à toi-même* », laquelle ne pêche que par son caractère négatif et par la latitude qu'elle laisse ainsi aux êtres et surtout aux entités mal pondérées d'apprécier le bien et le mal et par conséquent d'oser, de bonne foi, des actes dolosifs à autrui.

Cela est surtout dans le domaine des Lois sociales récemment défriché, que les Lois écrites semblent impuissantes à discerner l'impérialisme et la saine vérité.

Voici le texte de quelques Lois naturelles que je soumets à votre appréciation, Monsieur le Président :

« *La nature a divisé les hommes en conqué-*
« *rants et conservants ; les Lois écrites ont*

« pour mission de bien déterminer les Droits
« de chacun, afin que l'audace des premiers
« n'abuse pas de l'apathie des autres qui
« se croient à l'abri d'une réglementation tuté-
« laire. »

« Le vice originel des hommes, c'est l'égoïs-
« me qui souvent les incite de bonne foi à
« apprécier leurs Droits d'après l'intensité de
« leurs Besoins. »

« Toute confusion entre les Droits et les
« Besoins des hommes dans les Lois écrites,
« déterminant les Droits de chacun, est cause
« de l'oppression des uns et de la domination
« des autres, soit de privilèges et d'esclavage
« d'autant plus injustes qu'ils sont alors im-
« posés par la puissance sociale. »

« Les Droits de l'homme ont pour limite le
« libre exercice des Droits d'autrui. »

« Les Besoins de l'homme ne peuvent être
« légitimement satisfaits qu'à la suite de con-
« trats librement consentis et les Lois écrites
« doivent prévoir tous les contrats utiles, en
« préciser les formules et en garantir la stricte
« exécution. »

« Tout homme a le devoir d'exécuter ce à
« quoi il s'est librement obligé et de s'astrein-

« dre aux obligations naturelles reconnues par
« la Loi écrite. »

« Aux petits des oiseaux, Dieu donne la pâture,
« Dit le poète imbu de l'idée religieuse ;
« Bien plus certainement, dans la libre nature,
« Tout homme est assuré d'une vie plantu-
                                        [reuse.

« Les moyens dont l'homme dispose, pour
« assurer la satisfaction de ses besoins, sont :
« La contrepartie de ses services ;
« La création, l'extraction, la multiplication,
« le perfectionnement ou le transport des ob-
« jets, c'est-à-dire l'INDUSTRIE ;
« L'approvisionnement, la conservation ou le
« détail des objets, c'est-à-dire le COMMERCE
« ou plus exactement la SPÉCULATION ;
« L'exploitation des capitaux naturels : terre,
« eau, feu, vent, électricité ambiante, etc...;
« Et les capitaux conventionnels provenant
« de l'épargne des fruits antérieurs des moyens
« ci-dessus. Ces capitaux ne pouvant équitable-
« ment concourir à la satisfaction des besoins
« de leurs possesseurs que s'ils sont fécondés
« par le travail ; dans le cas contraire, c'est-
« à-dire s'ils sont consommés, ils sont défini-
« tivement rendus à la circulation. »

« *Les hommes sont interdépendants les uns*
» *des autres.*

« *La même interdépendance est la Loi des*
« *diverses sciences qui s'attachent à la recher-*
« *che des Lois naturelles et à l'exploitation de*
« *celles-ci. Il suffit qu'un important groupe-*
« *ment d'hommes, ou qu'une des branches*
« *de la Science restent en retard sur les autres,*
« *pour que le Progrès soit arrêté dans sa mar-*
« *che et qu'il se produise de terribles secousses*
« *au détriment de l'humanité ;*

« *La découverte d'une loi naturelle insigni-*
« *fiante, au premier abord, peut avoir une*
« *influence considérable sur l'utilisation des*
« *Lois naturelles antérieurement connues, ce*
« *qui donne la mesure de la solidarité, corol-*
« *laire de l'interdépendance.* »

Le dernier paragraphe de cet embryon de
Code de Lois naturelles se suffit peut-être
moins pleinement à lui-même que les précé-
dents ; c'est pourquoi je vous prie, Monsieur
le Président, de m'autoriser à le paraphraser
succinctement, quoique vous vous en soyiez
vous-même inspiré en rédigeant l'article de
votre ultimatum du 8 janvier aux puissances
centrales, relatif à la liberté des échanges dans

la Société d'après-guerre. Vous avez certainement été amené à cette importante décision par l'observation que : « *Comme les hommes,* « *les groupes d'hommes que la Loi ethnique* « *déclare Nations ont un génie propre, consé-* « *quence de leur climat et des richesses de leur* « *sous-sol, ce qui permet à toutes, sous le ré-* « *gime de la liberté, de spécialiser leurs pro-* « *ductions et ainsi d'atteindre à la perfection* « *relative et au prix de revient le plus avanta-* « *geux* », et vous avez voulu permettre à l'humanité, grâce à la liberté absolue des échanges, de profiter de tous les moyens que la Nature a mis à sa disposition pour la satisfaction de ses besoins.

Vous avez ainsi apprécié que la mutuelle dépendance à laquelle la Nature a soumis les Nations, ne doit pas être pour quelques-unes l'occasion de l'exploitation des autres. Votre souhait relatif à la liberté des mers complètera l'espoir que beaucoup entretiennent d'un facile approvisionnement des objets nécessaires à la consommation de tous, en attendant le jour où l'esprit de solidarité animant les membres de la Société des Nations, de justes conventions fixent les tarifs de transit à travers les territoires.

Au premier abord la reconnaissance de la mutuelle dépendance des hommes, comme des sciences, paraît n'avoir que d'insignifiantes conséquences. Il est facile de démontrer, au contraire que c'est là une Loi naturelle primordiale. En effet, où en serait encore l'humanité, si les Encyclopédistes du XVIIIe siècle ne s'en étaient inspirés pour décider les chercheurs du monde savant à abandonner la méthode égoïste, si vaine, des alchimistes jaloux de leurs découvertes individuelles, pour lui substituer la méthode scientifique si fructueuse de la publication, du contrôle et de la codification des découvertes de chacun ?

On en est à se demander aujourd'hui si les Pyramides d'Egypte, réalisant la légendaire Tour de Babel et précédant la Tour Eiffel, ne sont pas une manifestation parabolique, assurément empirique, de l'idée de la science de l'avenir ? Les degrés inférieurs sont composés de blocs dont chacun a des proches et cependant est bien éloigné de nombre d'autres ; tous ont servi d'échelons pour l'érection des degrés supérieurs, lesquels, au fur et à mesure qu'ils se rapprochent de la plateforme culminante, consacrent la mutuelle dépendance de l'universalité des blocs constituant le tout. Ne croit-on pas que de nombreux descendants de Jacob soient montés jusqu'en haut tenter d'y réaliser. la vision du rêve de leur ancêtre ? D'autres n'ont-ils pas tenté d'y planter l'arbre biblique de la Science du Bien et du Mal ?

Quoi qu'il en soit de l'intention des constructeurs de la Grande Pyramide, elle constitue une exacte parabole de la solidarité des Sciences, comme le jouet scientifique qu'est la Tour Eiffel, chef-d'œuvre de science d'architecture métallurgique, destiné à amuser les visiteurs de l'Exposition de 1889, confirme l'interdépendance des Sciences, comme instrument aussi parfait que fortuit de la domestication des ondes hertziennes.

L'électricité, cette puissance formidable, sous les espèces d'un fluide dont on ignore encore les lois primaires, restée longtemps une curiosité de laboratoire, arrive peu à peu, à un rôle essentiel dans l'application de presque toutes les sciences : à son défaut seraient encore dans l'enfance : le transport de la force, la T. S. F., l'automobilisme, l'aviation, la navigation sous-marine, etc...

Heureusement, nous ne pouvons pas nous

plaindre, à l'occasion des Progrès d'ordre matériel, des effets néfastes d'un retard d'une des branches de la Science ; mais il en est tout autrement dans l'ordre politique et social.

J'oserai en effet, Monsieur le Président, dénoncer comme cause efficiente de la terrible conflagration qui bouleverse depuis bientôt quatre ans, le monde civilisé, l'inégalité par trop accentuée de la marche du Progrès dans les deux ordres : utilitaire et moral.

Alors que toutes les énergies du monde entier s'attèlent sans repos à la recherche, à la codification et à l'exploitation des Lois naturelles qui permettent à l'humanité d'asservir la nature à ses besoins et même à ses fantaisies, il semble que dans le monde entier également, une force puissante s'attache à contester les quelques Lois naturelles d'ordre moral et politico-social dont la reconnaissance et la mise en usage atténueraient et détruiraient peut-être même, un jour, les préjugés et les traditions égoïstes.

Il faut bien le reconnaître, deux suréléments constituent notre monde : La Nature, d'essence parfaite avec toutes ses ressources, d'une part, et d'autre part, l'Humanité essentiellement perfectible. Au fur et à mesure que l'homme découvre les Lois qui régissent la Nature, il se réjouit de constater que celle-ci contient toutes les ressources nécessaires à la satisfaction de ses besoins et, il faut bien le répéter, il ne cesse d'appliquer toute son énergie à la recherche, à la codification et à l'exploitation de ces Lois : C'est la Course au Progrès.

D'un autre côté, l'humanité, qui, à défaut de la légende suffisamment suggestive, connaîtrait, par l'évidente infériorité de quelques peuplades primitives restées à l'état natif, la pauvreté de ses origines, est aujourd'hui régie par des Lois qu'elle a écrites elle-même.

Il résulte de cette comparaison, puisque jusqu'à présent la perfection, n'a d'autre synonyme que la « Divinité », que l'organisation de l'un de ces surélements en présence est incontestablement d'essence divine : « la Nature » ; et que l'organisation de l'autre est seulement « humaine ».

Comment est-il possible qu'au vingtième siècle d'une ère qui n'est pas la première, alors que toutes les énergies tendent à mettre en exploitation les éléments naturels au moyen des sciences multiples méthodiquement exercées, l'organisme social reste voué aux soins empiriques de l'art politique ?

La cause de cette étrangeté est évidente :

Les organismes politiques ont été constitués par une sélection des hommes qui se faisaient remarquer par leurs succès militaires, au cours des siècles pendant lesquels il était de règle universelle que la Force primait le Droit. Cette organisation s'est perpétuée, surtout dans le vieux monde, avec cependant quelques modifications sous la poussée de plus en plus sensible de l'idée que la Justice exige la primauté du Droit sur la Force, non seulement dans les relations entre individus, mais également dans les rapports entre nations.

Il est normal que les bénéficiaires d'un tel état de choses se soient obstinés à user de leur pouvoir pour enrayer les Progrès moraux et sociaux dont la conséquence immédiate était toujours une restriction des privilèges dont ils jouissaient. La devise des conducteurs d'hommes de ce régime était « Tout par nous. », avec comme conséquence : « Tout pour nous »; celle du nouveau régime attendu est : « Tout par tous » et comme conséquence : « Tout pour tous ».

La mentalité entretenue dans le public par
les seïdes de cette politique était telle que toute
guerre un peu meurtrière était légitimée, en
l'absence d'un prétexte chauvin, par une de
ces formules impies : « Il fallait une saignée
au pays pour que les survivants aient la vie
plus facile » ou encore « pour que la venue de
la paix crée un espoir de quiétude propice au
développement des affaires. »

En réalité, les périodes succèdant aux grandes conflagrations militaires se sont toujours
distinguées par d'importants progrès économiques ; mais cela est de l'aberration que d'éta-
blir entre les deux faits une relation de cause
à effet. Mes connaissances historiques ne me
permettent pas d'appuyer d'arguments incon-
testables l'intuition que j'ai d'une corrélation
certaine entre les grandes guerres et les grandes découvertes d'ordre social assurant des progrès à la transmission de la pensée ou au transport des hommes et des choses, et cela dans
les différents âges : invention de l'alphabet, du
papier, des roues couplées pour véhicules, dal-
lage des routes, fondants de minerais, imprimerie, détente de la vapeur d'eau, télégraphie,
chemins de fer, hélice propulsive. Ces décou-

vertes auraient donné de suite une vive impul-
sion au Progrès si leur essor n'avait été com-
primé par la stagnation si jalousement entretenue des régimes politiques.

Votre grande guerre du séparatisme aurait-
elle eu lieu si la machine à nettoyer le coton
n'avait pas trouvé vos Etats du Sud en plein
régime esclavagiste ?

Notre guerre de 1870-71 aurait-elle eu lieu si
la tentative d'établissement du Libre échange,
sous la poussée des Progrès résultant de l'organisation des Chemins de fer en Europe n'avait
pas trouvé l'Allemagne en gestation de son plan
d'Union économique avec l'Autriche-Hongrie,
second échelon vers le Mittel-Europa, après le
Zollverain, essentiellement allemand ?

La terrible conflagration que nous vivons,
intensifiée par l'utilisation meurtrière des ad-
mirables découvertes scientifiques récentes,
aurait-elle pu éclater s'il avait été obéi en Allemagne, en Autriche-Hongrie et en Turquie
aux Lois naturelles primordiales de la Sociologie qui substituent la conscience des peuples
à l'arbitraire irresponsable d'hommes s'ap-
puyant sur des cliques d'origine militaire ?

Si vous me faites l'honneur de me lire, Monsieur le Président, ne vous impatientez pas, je vous en conjure, de me voir ressasser ici des idées qui sont les vôtres, avec des détails de pensées auxquels vous vous êtes peut-être arrêté vous-même ; observez, Monsieur le Président, que je vous congratule ici et qu'en conséquence mes félicitations doivent, j'imagine, vous émouvoir d'autant plus que les mêmes fibres ont dans nos cœurs les mêmes frissons.

Vous avez eu le courage, Monsieur le Président, parlant au nom du plus grand peuple du monde, de mépriser le ridicule, de mériter la réplique « Mêlez-vous de ce qui vous regarde », quand vous avez déclaré aux Germains que le groupe représentant le Droit se refusera toujours à traiter avec le misérable qui déclara la guerre. Il n'est pas un cambrioleur, un assassin, interpellé sur le fait, par un témoin gênant, qui n'ait cette riposte : « Mêle-toi de ce qui te regarde. » Ces bandits désignent même, dans leur argot, les juges d'instruction ainsi : « Les curieux. »

Je crois indispensable d'expliquer au monde que non seulement la guerre a bien été déclenchée par l'Empire de proie, ainsi qu'en attestent tous les documents diplomatiques ;

mais, qu'en outre, ces coupablés ont été contraints à faire leur geste horrible, comme une conséquence fatale de la politique rétrograde de leurs Empires: L'atmosphère devenait irrespirable chez eux, par suite d'une disproportion trop accentuée entre les progrès matériels et la réaction sociale. Il paraît évident que si cette situation devait se perpétuer après la guerre, il serait impossible d'admettre l'Allemagne, l'Autriche-Hongrie, la Turquie et la Bulgarie dans la Société des Nations que vous indiquez comme l'unique facteur de la paix universelle dans l'avenir.

La Société des Nations, ou les Etats-Unis du Monde, voilà bien le rêve que tout sociologue a longuement caressé : il sera promptement réalisable si les organisateurs abandonnent la vaine coutume du labeur individuel, s'attèlent à ce travail en employant la méthode scientifique. Il est difficile d'apprécier tous les profits que l'humanité tirera de ce facteur de paix internationale, car il sera en même temps la garantie, mieux même, l'artisan de la paix sociale intérieure pour tous les Etats adhérents.

En effet, les statuts de la Société des Nations

détermineront les Droits et les Devoirs de
chacun et de tous, ils tiendront compte des
Besoins des associés et leur faciliteront les
Moyens de satisfaire ceux-ci. Sans s'immiscer
d'aucune façon dans l'administration des Etats
associés, les Statuts, afin d'éviter des conflits,
seront amenés à interdire certaines mesures
intérieures susceptibles de produire des effets
dolosifs à l'extérieur. Prévoyant des contrats
entre ses justiciables, la Société des Nations
en précisera les formules et en assurera l'exécution. La Société des Nations aura évidem-
ment des charges financières, elle devra y
pourvoir au moyen de la contribution de chacun des associés.

C'est-à-dire qu'en réalité les fondateurs de la
Société des Nations devront préparer un code
international statuant, au moins en principe,
sur tous les principaux points de Droit privé
et de Droit public qui réglementent déjà les
rapports des hommes entre eux, comme ceux
entre les individus et les Pouvoirs publics à
l'intérieur des divers Etats associés.

Théoriquement, ce sera là œuvre d'autant
plus facile que traçant en terrain vierge, les
législateurs internationaux n'auront à se pré-

occuper d'aucune tradition ni à s'attaquer à aucun privilège acquis. Si on considère que les entités Etats. justiciables du Code internatio- nal ont les mêmes droits entre elles, les mê- mes besoins, les mêmes vices que les individus, on doit convenir que les mêmes principes de morale et de justice doivent inspirer la législa- tion des uns et des autres. On peut donc espérer que le Code international qui va donner la vie à la Société des Nations, fournira aux législa- teurs de tous les pays des formules parfaites pour arriver à de bonnes solutions des ques- tions législatives controversées.

Ce Code international sera accepté de tous, parce qu'il condensera *ne varietur* les Lois de la Science sociologique dont il sera la Table. Il sera donc indispensable qu'il formule les Lois de l'avenir, sans aucune préoccupation de celles écrites dans le passé et dont quelques- unes sont contestables.

Aujourd'hui l'Economie politique, qui n'est qu'un pastiche de la Sociologie quoiqu'elle ait été jugée digne de figurer parmi les scien- ces enseignées dans les Facultés, n'a pour but que de légitimer l'organisation empirique des divers Etats : si ceux qui la professent jouissaient de l'indépendance de leurs confrères des autres sciences et qu'ils puissent du haut de leurs chaires dénoncer les erreurs de leur programme, ils seraient des professeurs de révolutions.

Vous avez la passion de la vérité et de la justice, Monsieur le Président, et il faut que vous appréciiez tous les bienfaits que l'humanité tirera de la soumission des Etats mondiaux au Droit, pour que vous ayez décidé d'engager votre beau pays dans la terrible lutte contre la Force et d'assurer, dans l'avenir, la paix universelle, par la seule Force du Droit.

De tous les points du monde, sans doute, vous sont venus, Monsieur le Président, des remerciements et des encouragements, vous en avez peut-être même été importuné ; j'ose néanmoins vous adresser ici mon hommage, bien heureux si vous daignez, par un mot, m'encourager à pousser l'étude de ce qui pourra être le Code international futur ; votre approbation pourrait m'être d'un grand secours pour la publication de mes pensées à ce sujet.

J'ai l'honneur de vous présenter, Monsieur le Président, mes bien respectueuses salutations.

Signé : Alf. Thibaudeau.

Les Lois Naturelles et le Progrès

La perfection, c'est-à-dire le beau, le vrai, le juste, n'est réalisé d'une façon indiscutable que par la seule nature. Elle seule est d'essence parfaite. Les hommes se rendent de plus en plus compte de cette perfection, au fur et à mesure que découvrant les lois de la Nature, ils arrivent à asservir celle-ci à leurs besoins, réalisant ainsi ce que l'on est convenu d'appeler le Progrès. Cela permet de définir le Progrès ainsi :

« LE PROGRÈS EST LA RÉSULTANTE DE LA DÉ-« COUVERTE, ET DE L'APPLICATION DES LOIS NATU-« RELLES. »

Cette définition aura sa place dans l'énoncé des « Lois Naturelles » que je me propose de recommander ici.

Tous les ordres de choses obéissent sans exception et cela automatiquement aux Lois Naturelles. Seul l'homme, parce qu'il est doué de raison, échappe à cette direction ; aussi il est exposé aux sanctions, anodines ou sévères, quand il enfreint ces Lois, que ce soit par ignorance, ou de propos délibéré.

C'est ainsi que si un homme s'abrite de l'orage sous l'arbre unique qui s'élève dans une plaine, ignorant que le fluide électrique se précipite par affinité sur la matière la plus proche, il s'expose à être électrocuté.

Il en est ainsi dans tous les ordres de choses, même en Morale et en Politique.

Par exemple, le Bolchevisme est une sanction sévère de la Loi naturelle que voici :

« *L'interdépendance est la Loi des diverses* « *sciences qui s'attachent à la recherche des* « *Lois naturelles et à l'exploitation de celles-* « *ci. Il suffit qu'un important groupement* « *d'hommes où qu'une des branches de la* « *science restent en retard sur les autres pour* « *que le Progrès soit arrêté dans sa marche,* « *ou qu'il se produise de terribles secousses* « *au détriment de l'humanité.* »

La Russie des Tzars est de tous les pays civilisés celui où l'instruction élémentaire était à peu près nulle dans le peuple des campagnes, c'est-à-dire dans la masse. L'ignorance avec toutes ses conséquences coudoyait les applications de la science appliquée à l'industrie, ce qui constituait un fécond terrain de culture pour les théories anarchistes colportées par les agents allemands. Le jour où privés des profits que leur dispenserait l'industrie, directement ou indirectement, cette masse d'ignorants libérés du respect inconscient et contraint qu'elle avait pour les intellectuels et pour l'autorité, devait revenir à l'instinct sauvage porté à un ultime degré par suite du précédent frottement de civilisation.

La preuve que les excès bolchevistes sont bien la conséquence de l'inégalité des Progrès matériels comparés au Progrès moral, on la trouve en Afrique en constatant que des peuplades arriérées, où les Progrès moraux et matériels sont également en carence, vivent crapuleusement, misérablement, cela est incontestable, mais ne présentent aucun excès de criminalité.

Les menaces du bolchevisme sont d'autant moins à craindre dans les autres nations qu'il y a pondération plus exacte entre les Progrès matériels et les Progrès moraux.

Dans l'ordre purement matériel, il est plus difficile de faire la preuve de la vérité de la Loi naturelle ci-dessus, les preuves négatives étant toujours impossibles. Mais si on ne peut avancer la preuve que telle branche de la science ou de l'industrie a été retardée dans ses Progrès parce que telle autre dont elle dépendait subissait un arrêt, la démonstration est victorieusement administrée par la constatation des très rapides Progrès résultant d'une découverte inespérée. Est-il besoin de s'étendre sur les Progrès que la science mécanique a réalisés comme conséquence des Progrès de l'Electricité ?

Dans l'ordre économique, si pauvre encore en Lois naturelles reconnues, nous allons vivre dès demain, si le Congrès n'intervient pas énergiquement, une période d'incohérence dangereuse si les Progrès acquis dans la transmission de la pensée par la T. S. F. et dans le transport des objets et des hommes par l'aviation, ne sont pas suivis à distance raisonnable par les réglements douaniers, ainsi que le demande M. Wilson dans son message du 18 janvier.

S'il a été possible de maintenir la si arriérée conception de péage sur les marchandises à l'entrée des territoires, malgré le progrès dans la circulation réalisé par les chemins de fer, on doit se demander comment pourra être assurée la perception des droits de Douane sur les objets que pourront transporter les aéroplanes. Verrons-nous obliger ces oiseaux porteurs à des itinéraires en crochets doublement onéreux pour passer à la Douane près des rares bureaux où seront établies des pistes d'atterrissage ? Cela sous le prétexte que ces véhicules peuvent apporter des dentelles, de la vanille, des cigares ou tous autres objets prohibés ou fortement taxés.

Les octrois, réelles douanes municipales, ont été supprimés en principe, tombant sous le mépris public. La bonne sociologie tolèrera-t-elle la pratique impérialiste qui. sous le sot prétexte de régenter la nature, accorde des privilèges à certains capitalistes à la charge de la masse des consommateurs mal servis ?

Les Trois Morales

La principale cause des difficultés sociales dans les divers Etats du monde et de la crise internationale qui a abouti à la grande guerre réside incontestablement en ce que la morale qui est une, si on s'en rapporte à la seule raison, est à trois faces : la morale individuelle, la morale sociale et la morale internationale.

La morale individuelle, qui est régie, tant par les Lois des diverses religions que par les Lois écrites, approche théoriquement de la perfection ; il ne dépend en effet que de chacun de nous que les autres n'aient pas à souffrir des manifestations de notre égoïsme.

.. La Loi naturelle que je reproduis dans ma lettre à M. le Président Wilson dispose que « *Le vice originel des hommes, c'est l'égoïsme,* « *qui souvent les incite à apprécier de bonne* « *foi leurs droits d'après l'intensité de leurs be-* « *soins* ».

La Loi religieuse : « *Ne fais pas à autrui ce* « *que tu ne voudrais pas qu'il te soit fait à toi-* « *même* », exhortation négative, a la suprême habileté d'en appeler à l'égoïsme lui-même pour refreiner les manifestations de ce vice. Il faut avouer que c'est là un mentor porté à l'indulgence. S'il est vrai que ce précepte peut engendrer la vertu, il laisse la porte ouverte à l'appréciation du bien et du mal : aussi les Lois écrites qui déterminent et punissent le mal sont aurement effectives.

On peut dire que la morale individuelle, c'est-à-dire l'ensemble des préceptes de la Loi écrite régentant les relations entre les individus, est aujourd'hui, dans la majorité des Etats civilisés, une sauvegarde suffisante du Droit contre les audaces de la Force et de la Malignité.

Malheureusement, il s'en faut de beaucoup pour que l'on puisse en dire autant de la morale sociale, c'est-à-dire de l'ensemble des préceptes de la Loi écrite régentant les relations, tant entre les Etats et leurs sujets qu'entre les groupes et les individus.

C'est toujours l'égoïsme qui est le fauteur des entreprises dolosives à autrui et dans cet ordre social où les inérêts opposés représentent toujours d'une part une entité délégataire d'un Pouvoir organisé sous le couvert du Bien public et, d'autre part, l'individu esseulé ou une entité non souveraine, les Droits de chacun sont strictement limités par des Loïs écrites. Il résulte de cet état de choses essentiellement humain que, si la Loi écrite a quelque peu confondu Droits et Besoins, elle favorise forcément quelques-uns au détriment des autres, instituant un privilège d'une part et une contrainte d'autre part, exceptions d'autant plus insupportables qu'elles sont le fait du Droit écrit.

Cela est surtout dans l'ordre sociologique, lequel confond les choses politiques et économiques que se présentent ces contraintes et ces privilèges. Je n'insisterai pas ici sur ces sujets qui échappent à la compétence du Congrès et me bornerai à rappeler le texte de Loi naturelle suivante, qui aura son application dans les statuts de la Société des Nations :

« Toute confusion entre les Droits et les Be-
« soins, dans les Lois écrites, déterminant les
« Droits de chacun, est cause de l'oppression
« des uns et de la domination des autres, soit
« de privilèges et de contraintes d'autant plus
« injustes qu'ils sont alors imposés par la
« puissance sociale. »

La morale internationale, c'est-à-dire l'ensemble des préceptes de la Loi écrite régentant les relations entre les Etats n'aura une forme qu'au lendemain des décisions du Congrès relatives à la Société des Nations; mais il n'en est pas moins vrai que dès le jour où les Etats ont eu des rapports entre eux, les coutumes réglementant ces rapports constituaient une morale internationale, laquelle à la vérité était plutôt amorale, puisque ce n'est que peu à peu que la seule Force a cessé d'être l'argument dominant de tout accord.

Le Hohenzollern et son cousin le Habsbourg

ont donné la mesure de ce que pouvait être cette morale internationale quand, pour satisfaire leurs besoins d'expansion vers l'Orient, ils ont violenté la malheureuse petite Serbie, déchaînant ainsi l'horrible guerre de 1914.

Nécessité d'une immédiate déclaration solennelle des Droits, des Devoirs, des Besoins et des Moyens. légitimes des Nations

Le problème à résoudre par le Congrès de la Paix, en outre de la rédaction des conditions de cessation définitive des hostilités, consiste dans la confection des Statuts de la future Société des Nations.

Ainsi que je le dis en commençant, cela est œuvre tellement laborieuse qu'il paraît impossible de fixer une date, même éloignée à la dernière séance en mesure d'approuver le texte du contrat définitif à intervenir.

N'apparaît-il pas plus expéditif et, en même temps, également opérant, de borner le travail du Congrès à la rédaction en style lapidaire des principes qui devront ensuite être patiemment paraphrasés par un Code international ?

Il est évident que pour faire œuvre définitive plusieurs mois seront nécessaires, tandis que quelques séances suffiraient pour rédiger la DECLARATION DES DROITS, DES DE-VOIRS, DES BESOINS ET DES MOYENS LEGITIMES DES NATIONS.

Je rappelle de nouveau que les dix articles de la Table des Lois de Moïse ont suffi pour réaliser la communion catholique, tandis qu'il a fallu des siècles pour compléter l'ensemble des Lois de l'Eglise romaine, Lois que des Conciles peuvent encore compléter ou modifier.

C'est sur douze tables d'airain, seulement, que les Décemvirs ont pu faire graver les principes dont découla le Droit romain.

Enfin, précédent plus suggestif encore, la Déclaration des Droits de l'Homme et du Citoyen, qui a précisé les principes de la Révolution française, tient en dix-sept articles: Il y a de cela cent trente années et aujourd'hui nos Lois ne sont pas encore toutes à l'unisson de ce diapason.

Rappelez-vous, Messieurs les Membres du Congrès, que l'harmonie d'un orchestre est assurée, même quand tous les instruments ne sont pas établis au même ton, il suffit qu'un diapason infaillible assigne à chacun le « la »; le reste dépend de la virtuosité des artistes et de leur bonne volonté.

J'ajouterai que l'accord unanime sera plus facile et plus prompt sur un texte de principes sans aucune préoccupation de l'application de ceux-ci.

Quand Archimède s'écriant *Eureka*, s'empressa de noter sur ses tablettes la Loi qui porte son nom : « *Un corps plongé dans l'eau perd en* « *poids celui du volume d'eau qu'il déplace* », s'est-il préoccupé des multiples applications de cette loi des densités ?

Les Lois naturelles se suffisent d'abord à elles-mêmes, dans leur simple contexte; dans la suite elles s'imposent aux praticiens dans toutes leurs conséquences.

Il est vrai que les Lois naturelles d'ordre sociologique ne peuvent pas être mises à l'épreuve d'expériences immédiates de laboratoire; mais la vérité qu'elles précisent doit s'imposer si on est obligé de reconnaître que, telle quelle, on ne peut la contester.

Quelques formules de Lois naturelles

Sans prétendre apporter ici la Vérité, toute la Vérité, j'ose y énoncer quelques-unes des formules de Lois naturelles applicables aux Statuts de la Société des Nations, avec le désir qu'il en soit fait état par le Congrès, sinon dans les textes proposés, au moins dans l'idée présentée.

⁎

« La nature a divisé les Etats et les hommes en conquérants et conservants : Les Lois écrites ont pour mission de bien déterminer les Droits de chacun, afin que l'audace des premiers n'abuse pas de l'apathie de ceux qui se croient à l'abri d'une réglementation tutélaire. »

⁎

« Le vice originel des individus et des groupes est l'égoïsme qui incite à apprécier de bonne foi les Droits d'après l'intensité des Besoins. »

⁎

« Toute confusion, dans la Loi écrite qui détermine les Droits de chacun, entre les Droits et les Besoins a pour effet fatal d'opprimer ou

de privilégier quelques-uns au nom de la puissance sociale ; or celle-ci n'est tolérable que si elle incarne la Justice absolue. »

***

« Les Droits de chacun ont pour limite le libre exercice des Droits des autres. »

***

« Les Besoins des individus ou des groupes ne peuvent être légitimement satisfaits qu'à la suite de contrats librement consentis. Les Lois écrites doivent prévoir tous les contrats utiles, en préciser les formules, et en garantir la stricte exécution. »

***

« Les hommes et les groupes ont le Devoir d'exécuter ce à quoi ils se sont librement obligés et de s'astreindre aux obligations formulées par la Loi écrite. »

***

« Les moyens dont disposent les individus et les groupes pour assurer l'entière satisfaction de leurs besoins sont :

« La rémunération de leurs services,

« L'Industrie, c'est-à-dire la création, l'ex-

traction, la multiplication, le perfectionnement
ou le transport des objets,

« La Spéculation, ou Commerce, c'est-à-dire
l'approvisionnement, l'entreposage, la conservation et la cession des choses,

« L'exploitation des Capitaux naturels, c'est-
à-dire des éléments et les Capitaux conventionnels, épargne des fruits antérieurs des moyens
ci-dessus. Ces capitaux ne peuvent équitable-
ment concourir à la satisfaction des besoins
que s'ils sont consommés ou s'ils sont fécondés par le Travail. »

[*]

« L'universalité des éléments naturels constitue l'apanage commun à l'humanité. Les dé-
tenteurs sont, en conséquence, dans l'obliga-
tion d'exploiter intensivement ces éléments et
les produits de cette exploitation doivent pouvoir librement circuler pour arriver à la consommation sans que leur prix de revient ait
subi de majoration impérialiste, sous quelque
prétexte que ce soit. »

[*]

« Les hommes, comme les groupes que la Loi
écrite reconnaît comme Nations, ont un génie
propre. Il est du devoir strict des nations de

favoriser par l'instruction le développement des vocations des individus. C'est seulement ainsi que chaque individu, dans sa sphère pourra concourir au développement intégral du génie propre à chacun des groupes naturellement conforme aux ressources de son climat, de son sous-sol et de sa situation géographique. »,

**

« L'interdépendance des hommes et des groupes, qui jusqu'ici a constitué un parfait terrain de culture de l'impérialisme par suite de la primauté tolérée de la Force, sera sous le règne obligatoire du Droit, l'agent le plus efficace de la prospérité mondiale, comme le même principe a vivifié la Science. »

**

« Les territoires dont les indigènes sont incapables d'exploiter normalement la superficie, le sol et le sous-sol sont domaines indivis entre l'humanité et celle-ci a le devoir de les mettre en valeur, soit par un partage d'accord entre les nations, soit par une exploitation en régie. »

« Aucune violence ne serait tolérable contre les indigènes pour les contraindre à travailler, un terrain dont on les dépouille. Le groupe des nations civilisées possède dans ces territoires un moyen de crédit considérable pouvant servir à améliorer les conditions financières du monde. »

« Abattre un arbre pour en cueillir le fruit, pratiquer des coupes sombres dans les forêts vierges, à moins que ce ne soit en vue de défrichement, sans assurer la repousse ou faire des semis de remplacement, laisser en friche des terres fécondes, sont des crimes de lèse humanité. »

*
* *

« Le régime de l'entière liberté des échanges n'entraîne pas la suppression de toute police à l'égard des objets échangés. Au contraire, les divers Etats doivent à leurs nationaux un contrôle rigoureux de la qualité des objets importés de façon à interdire efficacement toute tromperie tendant aux substitutions de la fonte au fer, du fer à l'acier, de l'acier fondu à l'acier fin, de la soie artificielle à la soie naturelle, du coton à la laine, etc...

Vers la Morale un que

J'ai eu l'occasion d'aider un ouvrier à peu près illettré, mais très intelligent, à s'assimiler les quelques éléments d'arithmétique et de géométrie qui lui étaient indispensables pour arriver sous-chef, puis chef d'équipe. Quand je l'initiai aux théorèmes de la géométrie plane, cet homme, qui avait fait, sur son chantier, de la géométrie sans le savoir, comme M. Jourdain faisait de la prose sans s'en douter, s'esclaffa presque irrévérencieusement devant la règle : « *La ligne droite est le plus court chemin d'un point à un autre.* » et s'écria : si ce n'est pas plus difficile que cela, la géométrie !...

Je m'attends à des sourires également ironiques de la part de nombreux lecteurs du chapitre précédent. Combien penseront à ce bon M. de Lapalice et diront : si c'est là des « Lois naturelles !

Eh bien oui. Elles ne sont pas plus compliquées que cela, les « Lois naturelles »; ce sont toutes, sans exception, des vérités courantes, admises de tous ; mais malheureusement on ne les met pas en pratique facilement, parce que le plus ordinairement, dans une Société organisée par des hommes viciés d'égoïsme, les premiers organisateurs, triés parmi les conquérants les plus audacieux, ont négligé ces Lois dont la mise en pratique honnête ne leur aurait pas assuré, à eux et aux leurs, les privilèges qu'ils se sont octroyés.

La très discutable organisation sociale dont le plus grand nombre se plaint avec raison, ne doit pas servir de modèle à l'organisation de la Société des Nations.

Si le groupe des empires de proie avait triomphé, il aurait eu tôt fait, lui, d'organiser toutes les nations de notre planète, mais cela eût été sur le modèle de la féodalité.

Les plénipotentiaires des Etats alliés et associés n'ont rien de commun, surtout dans leurs origines de constituants, avec les politiciens que leur ambition et leur caractère conquérant poussent le plus ordinairement à se « dévouer » à la chose publique ; on ne peut pas douter de leur volonté absolue de donner à l'humanité une organisation parfaite de justice fondée sur le Droit, c'est-à-dire obéissant à toutes les prescriptions des Lois naturelles.

Ainsi qu'il est dit dans la lettre ci-dessus à M. le Président Wilson : « Ce sera là œuvre

« d'autant plus facile que, traçant en terrain
« vierge, les législateurs internationaux n'au-
« ront à se préoccuper d'aucune tradition, ni à
« s'attaquer à aucun privilège acquis ».

Il faut donc espérer que l'œuvre du Congrès
de la paix consacrera l'unité de la Morale à l'u-
sage de tous, c'est-à-dire des individus, des
groupes et du groupe des groupes.